AF253634

FROHSDORF

PAR

Le baron de CHAPELAIN.

1874

FROHSDORF

Près de quarante-quatre ans sont passés, depuis que le peuple de Paris en délire renversa Charles X du trône de ses pères. Malgré tout ce temps écoulé, peu de Français, même au fond de nos campagnes les plus isolées, ignorent qu'il existe encore un légitime héritier de la vieille race de nos rois, et qu'on le nomme le comte de Chambord, en attendant le jour où il reprendra son véritable nom.

Les populations dont les mauvaises doctrines n'ont pas perverti les mœurs et les idées, l'appellent tout simplement *Henri V.*

Mais si chacun sait qui il est, si les hommes sérieux ont appris à le connaître, en étudiant ses manifestes et ses admirables lettres, où depuis tant d'années il se montre tout entier et jusqu'au fond du cœur, bien peu de personnes ont pu l'approcher d'assez près, et le voir dans sa vie privée.

Nous revenons de Frohsdorf, résidence ordinaire de Monseigneur le comte de Chambord ; nous pouvons donc conduire par la pensée ceux qui liront ces lignes, dans ce pays lointain, les introduire dans ce château que son éloignement de la France entoure d'une espèce de mystère, et les faire vivre de la vie qu'on y mène.

Prenons la voie ferrée de Vienne à Trieste ; à quarante-quatre kilomètres et au Sud de la capitale de l'Autriche, nous trouvons Wiener Neustadt. Nous qui ne savons pas un mot d'allemand , nous prononçons le nom de Frohsdorf, et des cochers de fiacre viennent aussitôt nous offrir leurs voitures plus ou moins délabrées.

A la sortie de la ville, on prend une route de traverse soigneusement entretenue, elle conduit au château ; et l'on est surpris de voir de distance en distance, et le long du chemin, des espèces de niches contenant des statuettes de saints, ornées de couronnes de verdure et de fleurs artificielles. On remarque entr'autres, une belle statue de pierre, représentant Saint-Sébastien percé de flèches.

Ces images saintes, que vous n'êtes pas habitué à rencontrer aussi souvent sous vos pas, dans notre pays de libres penseurs, vous font apercevoir que vous traversez une contrée demeurée fidèle au culte de ses pères, et aux manifestations extérieures de ses croyances religieuses.

A votre approche tous les hommes se découvrent respectueusement, les femmes vous saluent, vous, inconnu à tous : c'est qu'on suppose que vous êtes un ami, ou tout au moins un visiteur, de celui dont les aumônes ont chassé la misère des villages qui avoisinent Frohsdorf ; de celui dont le nom est vénéré à Vienne, et prononcé avec respect dans toute l'Europe, sauf peut-être en France, ce beau royaume que ses ancêtres avaient fait.

Pendant environ trois quarts d heure, vous traversez une plaine légèrement ondulée, jusqu'au pied de hautes montagnes boisées, dont les contreforts couverts de hêtres et de pins, s'allongent jusque dans les jardins d'un vaste château de construction presque moderne.

Vous êtes à Frohsdorf.

Au bruit de la voiture, des valets de pied viennent vous aider à descendre, et se chargent de vos paquets. Vous êtes reçus par le gentilhomme de service. Nous l'appellerons de ce nom faute de lui en trouver un autre, car les nombreuses et importantes fonctions qu'il remplit, nous obligent à le désigner d'une manière toute particulière.

Il vous conduit dans votre appartement, et vous apprend, si vous ne le savez dejà, que le maître du château, ce descendant de tant de rois, ce *roi de droit*, veut être appelé Monseigneur tout court. Madame la comtesse de Chambord se nomme *Madame*, et prononcer les mots de *Sire* ou de *Majesté* serait une inconvenance.

De vieux amis de la famille royale, viennent chacun à leur tour, se fixer pendant un certain temps, auprès de Monseigneur. Ils sont chargés de transmettre ses ordres, de l'accompagner et de faire les honneurs de la maison, ce sont ceux que nous avons appelés les gentilshommes de service.

Des jeunes gens, fils de légitimistes dévoués, viennent aussi à tour de rôle remplir les fonctions de secrétaire, et se former à cette école d'honneur et de loyauté.

Etes-vous invité à demeurer ? on vous dit que vous êtes retenu jusqu'à tel jour, et qu'on vous rendra votre liberté à telle heure.

Arrivé dans l'après midi, si vous êtes assez heureux pour obtenir une audience particulière, on vous annonce que ce sera un peu avant le dîner, qui a lieu à sept heures précises.

En attendant l'heure fixée, vous jetez un œil curieux par vos fenêtres, vous voyez une campagne superbe en été, des arbres magnifiques, le village de Frohsdorf, la maison d'école construite par le prince, et habitée par des religieuses, qu'il a chargées de l'instruction des filles des villages voisins, et des nombreux domestiques logés dans de grands bâtiments à proximité du château.

Dans le lointain un petit manoir très ancien, détache sa silhouette sur le ciel et fait un ravissant point de vue ; il appartient à Monseigneur. Les hautes montagnes qu'on voit à l'horizon à gauche , s'abaissent par gradins , jusque dans les jardins ; leur riche manteau de hêtres verts et de pins noirs forme un superbe fond de tableau et un magnifique contraste avec la plaine immense et presque nue.

Frohsdorf est composé de quatre corps de logis entourant une cour intérieure, sur laquelle donnent les fenêtres des corridors. Les appartements du prince sont au rez-de-chaussée, et un pont jeté sur les douves profondes, les met en communication avec le jardin réservé, où il lit et demeure une grande partie de la journée quand le temps est beau.

Mais l'heure va sonner, vous avez fait votre toilette pour le dîner. Habit noir, cravate blanche, gants et chapeau. Jadis, suivant l'ancienne étiquette royale, le Roi seul avait la tête couverte et tout son entourage le chapeau à la main.

Aujourd'hui, le descendant des Rois est le seul, chez lui, qui ne porte pas de chapeau. A toute heure du jour, dans les salons , dans les corridors, on a des gants et un chapeau à la main, et les plus anciens habitués de la Maison, ont l'air d'étrangers venant faire une visite.

Un peu avant le dîner on se réunit au grand salon. On salue les Dames et l'on cause à demi-voix.

Sept heures sonnent, une porte s'ouvre,

Monseigneur et *Madame* paraissent. Tout le monde s'incline, les hommes se rangent sur le côte du salon, le Prince salue, dit un mot rapide à chacun, et, précédé de Madame, se dirige vers la salle à manger ; après lui viennent les Dames, puis les Messieurs ; il est d'étiquette de ne pas offrir le bras.

Le gentilhomme de service debout près de la porte reçoit les ordres, et à mesure qu'on passe devant lui, il désigne à chacun la place qu'il doit occuper à table.

Monseigneur fait placer à sa gauche, la personne qu'il veut honorer d'une manière particulière. Madame est à sa droite, et le gentilhomme de service en face. Les places des invités changent à chaque repas.

Le Prince est peu gourmet; tout entier à la conversation qu'il soutient très-brillamment, il fait peu attention à la qualité des mets et mange rapidement. Le dîner dure trente-cinq ou quarante minutes, quatre ou cinq plats le composent. La nourriture est excellente mais simple et le café est toujours servi à table.

Monseigneur se lève et l'on passe au salon dans l'ordre qu'on a suivi en allant à la salle à manger. Là seulement on a le temps de bien voir le Prince. Il s'assied au bout d'une grande table autour de laquelle se placent les Dames; elles travaillent et Madame donne l'exemple, les hommes sont plus loin, assis ou debout. Il est de règle stricte, de ne s'asseoir en présence

du prince, que lorsqu'il a prononcé ces mots :
« Messieurs, asseyez-vous, » qu'il accompagne
d'un salut ou d'un geste gracieux de la main.
La conversation devient générale, Monseigneur parle beaucoup et d'une façon remar-
quable. On est saisi de la vivacité de son esprit et de ses réparties, de la profondeur et de
la variété de ses idées, mais surtout du timbre
de sa voix grave, sonore , et si puissante,
qu'elle domine le bruit des conversations par-
ticulières.

Il est d'une santé superbe ; nous l'avons vu
par un temps affreux et quinze centimètres de
neige, aller tirer un daim dans le parc, lorsque nous autres, nous demeurions derrière les
doubles vîtres des fenêtres, et que certains
journaux le disaient dangereusement malade
d'une attaque d'apoplexie. Sa taille est
moyenne, cependant il paraît plus grand qu'il
ne l'est réellement, cela tient probablement au
port de la tête qui est magnifique. Son ensemble a quelque chose de saisissant, dont on se
rend difficilement compte.

Ses yeux bleus, grands et bien fendus, semblent faits pour réfléchir son âme ; on y lit
sa pensée que du reste il ne cherche pas à ca-
cher. Il y a dans ce regard si intelligent une
impression singulière, et quand il s'anime il
devient étincelant.

Chacun de nous a, dans sa vie, rencontré
quelqu'un doué d'un de ces regards perçants

qui vous pénétrent, vous traversent, vous fouillent, et semblent chercher ce qu'on peut avoir au fond du cœur. Celui de Monseigneur n'est pas tout à fait cela. Quand il vous parle, il vous regarde en face ; vous éprouvez alors une impression bizarre, il vous semble que vous vous ouvrez comme un livre, et qu'il doit lire vos plus secrètes pensées.

L'ensemble de ses traits est extraordinaire, il y a une expression de franchise et de bonté qui vous enchante et vous séduit, et cependant un air de majesté qui fait que vous vous sentez tout petit devant lui.

Sa barbe est épaisse et blonde, sous son large front on devine un monde de pensées. Le tout réuni vous écrase pour ainsi dire, et cependant vous attire comme un aimant. Vous comprenez que Dieu n'aurait pas fait un homme ainsi, s'il ne l'avait destiné d'avance à gouverner une grande nation.

Vers neuf heures il se lève, tout le monde s'incline; arrivé à la porte il se retourne, salue, et rentre avec Madame dans ses appartements.

La soirée de cérémonie est finie, chacun va dans sa chambre ôter l'habit noir et la cravate blanche, passer la chaude vareuse ou la simple jaquette, et se dirige ensuite vers le fumoir où les hommes se réunissent.

Ici la bonne causerie remplace l'étiquette,

chacun est à son aise, Monseigneur entre en costume du matin, il allume un cigare, il cause, mais cause à vous faire oublier qu'il est né pour être Roi.

Il y a dans Monseigneur deux personnes bien distinctes: l'une se montre dans ses audiences et au salon, l'autre dans le laisser aller du fumoir. Dans une audience particulière vous êtes saisi par Sa Majesté toute royale, et malgré les témoignagnes qu'il vous donne de la bonté la plus grande, vous vous sentez, tranchons le mot, *devant le Roi.*

Au salon la présence de Madame, les lois de l'étiquette laissent naturellement exister la distance qui vous sépare de lui, vous vous sentez encore *devant le Roi.*

Mais au fumoir, cette distance, il s'efforce de la diminuer. Son rire franc et sonore, sa gaieté toute française, vous font presque oublier ce qu'il est, pour vous montrer dépouillé des voiles imposés par l'étiquette un homme éminemment supérieur et d'infiniment d'esprit. Vous n'avez plus le temps de penser à son rang, vous avez assez à faire, à prendre votre part de la plus intéressante des causeries, où les sciences, la chasse, les arts, les voyages, les anecdotes, la politique, les questions personnelles, paraissent et disparaissent, se mêlent et se croisent sans se confondre.

Sa conversation étincelante, sa verve toute gauloise et légèrement railleuse, rappelletu son aïeul Henri IV, tel que le dépeignent les chroniques. Il vous subjugue, vous transporte, le temps s'envole sans qu'on s'en doute. Vous voyez avec une espèce de crainte son cigare qui s'achève, car on vous a dit d'avance que la dernière bouffée de fumée sera le signal du départ de celui qui vous tient suspendu à ses lèvres.

Il est parti, vous demeurez sous un charme incroyable. Il y a pendant quelques. instants un demi-silence, durant lequel vous vous demandez si vous avez rêvé. Il vous semble l'entendre encore ; cependant il n'est plus là.

Puis la conversation générale reprend, on continue à fumer jusqu'au moment où vous regagnez votre chambre, tout étonné, tout pénétré de ce que vous avez vu et entendu depuis votre arrivée à Frohsdorf.

Le lendemain, la messe est à neuf heures et demie, car nous sommes en hiver ; vous allez lentement à la chapelle en regardant ce qui vous entoure. L'émotion du premier jour commence à diminuer et vous pouvez vous rendre compte des meubles, des tableaux, toutes choses que la veille vous avez aperçues sans les voir, tant votre attention était concentrée sur cet homme extraordinaire, qui est et demeurera une des personnalités les plus remarquables de son siècle.

Votre chambre est au second étage et donne sur le long corridor où s'ouvrent les appartements des invités et des personnes de l'entourage du prince ; c'est là que se trouve le fumoir, modestement meublé de deux canapés et de fauteuils en maroquin vert foncé.

Sur les murs du corridor, une longue suite de tableaux représente les principaux événements de notre guerre de 1822 en Espagne. Le grand escalier conduit au rez de-chaussée où sont situés les salons et la chapelle. En descendant, vous remarquez deux magnifiques peintures, ce sont les portraits de Louis XIV et de Louis XV enfants, de grandeur colossale et revêtus des insignes de la royauté ; au bas des cadres on lit cette légende : *Donné par le Roi à Monsieur de Calonne.* La famille de Calonne en a fait hommage à Monseigneur.

La chapelle est garnie de bancs, pour les familles de la nombreuse domesticité du château. Les Messieurs de la suite du prince et les invités, sont placés dans des bancs latéraux en velours rouge, situés à droite et à gauche de l'autel, au fond est la tribune, où se placent Monseigneur, Madame et les dames qui l'accompagnent.

Tous les jours il entend la messe, et sa piété profonde vous gagne, si vous n'êtes pas religieux vous-même. Après la messe on dit quelques prières pour la France et la famille Royale, l'assistance répond, et l'on ne peut s'empêcher de tressaillir en entendant une voix grave qui dominent toutes les autres, c'est celle de Monseigneur.

On se dirige ensuite vers le grand salon, en traversant une antichambre garnie de vitrines remplies des oiseaux empaillés du pays, tous tués par le prince. Comme tous les Bourbons, c'est un rude chasseur et un habile tireur. Il y a quelques années, il courait le lièvre avec des lévriers, et y a renoncé à la grande satisfaction de la plupart de ses compagnons de chasse, qui moins bons écuyers que lui, étaient effrayés d'une course vertigineuse, d'environ dix minutes après chaque animal lancé, et cela par dessus fossés et barrières. Aujourd'hui il ne chasse plus qu'à tir, et les battues au chamois dans les montagnes les moins accessibles, sont un de ses plaisirs favoris.

Nous voici au grand salon, on est d'abord frappé par l'aspect d'un vieux meuble tout fâné, à petites bandes de tapisseries entourées d'autres bandes de velours grenat. Il paraît déplacé dans une demeure princière, mais on vous explique que c'est une relique, le travail de l'auguste fille de Louis XVI, madame la duchesse d'Angoulême.

Quand on pense à cette vie qui fut un long martyre, on se rappelle les paroles d'un orateur célèbre, prononcées sur la tombe d'une reine d'Angleterre.

Née sur les marches du plus beau trône du monde, destinée à porter le diadème, fille de roi, épouse de roi sans couronne, elle n'a eu sur la terre que celle de la douleur. Il semble que Dieu l'avait mise au milieu de nous, pour montrer aux hommes la somme de malheurs, que la religion chrétienne peut faire supporter.

Elle a vu périr sur l'échafaud, et *à l'ombre du drapeau tricolore*, son père, sa mère et sa tante ; mourir de misère dans une prison, son frère Louis XVII, assassiner son beau-frère le duc de Berry. Elle a passé dans l'exil la plus grande partie de sa vie, et s'est éteinte sur une terre étrangère, en ne laissant de sa famille si illustre et jadis si nombreuse, qu'un seul rejeton, le comte de Chambord.

En regardant ce vieux meuble flétri, les yeux se remplissent de larmes, en pensant à toutes celles qu'elles a versées, pendant que ses augustes mains en brodaient les nombreuses bandes.

Parmi les portraits de famille qui couvrent les murs du salon, la vue se porte tout de suite sur un tableau bien connu des artistes ; il représente madame la duchesse de Berry tenant dans ses bras le jeune duc de Bordeaux, aujourd'hui le comte de Chambord. Elle lui montre le buste de son père, tombé sous le couteau de l'infâme Louvel, que des écrivains presque aussi coupables que lui, ont essayé naguère de réhabiliter. Si leur main n'a jamais poussé l'arme meurtrière, leur plume en faisant le panégyrique du crime, excuse et encourage l'assassinat politique, ce qui ne vaut guère mieux que le commettre soi-même.

Dix heures sonnent, Monseigneur et Madame paraissent et se dirigent vers la salle à manger. Au déjeûner la toilette est plus simple que la veille au dîner. Les hommes sont en redingote et cravate noire, et les dames en robe montante. Après un court repas de vingt à vingt-cinq minutes, on va au petit salon en traversant la salle de billard, où l'on a porté les lettres et journaux arrivés le matin.

Au petit salon, le Prince se place près de la cheminée, Madame à l'autre coin, les dames auprès d'elle, les hommes assis ou debout autour de la table. Chacun parcourt ses lettres ou les journaux; s'il rencontre un fait saillant, une nouvelle importante, il lit tout haut. On discute, on commente, Monseigneur comme les autres, et le sujet épuisé on reprend sa lecture, jusqu'à ce qu'un autre fait renouvelle des causeries du même genre. S'il y a un article de fond et d'une certaine gravité, méritant une étude attentive, on le présente à Monseigneur qui le met à part.

Vers onze heures et demie le Prince se retire, et vous rend votre liberté jusqu'au dîner, Il va travailler avec le gentilhomme de service et le secrétaire, dépouiller son immense correspondance, dicter ses lettres, et donner ses ordres. Si le temps est beau il se tient dans son jardin privé, s'il pleut ou s'il fait froid, c'est à la serre qu'il se rend, là entourée de magnifiques orangers se trouvent une petite table et trois siéges. Des papiers prouvent qu'on y travaille.

Le travail du jour terminé, Monseigneur accompagné seulement d'une ou deux personnes, va faire une promenade, visiter l'école, une ferme ou une chaumière, ou bien le fusil sur l'épaule il va chasser dans une partie de la forêt, qu'il a fait clore de hautes barrières.

Les invités, libres de leur temps, vont dans leurs chambres ou au fumoir. C'est là le lieu de rendez-vous commun, où tout habitant du château, est presque certain de trouver quelqu'un disposé à causer. On y a porté les journaux de toute espèce, on peut donc etudier toutes les nuances d'opinions, et les diverses appréciations du même fait. Les feuilles qui font métier de salir l'imagination, d'exciter les passions populaires, et de dépraver les masses, sont les seules qui ne soient pas reçues à Frohsdorf.

C'est au fumoir qu'on rencontre le bon, l'excellent docteur Carrière, l'ami dévoué du Prince, que depuis vingt ans il entoure de ses soins, il prétend que ses fonctions sont une sinécure, la santé de son illustre client ne lui fournissant guère l'occasion de mettre sa science en pratique, quoique certains journalistes parlent souvent de ses diverses maladies.

C'est le docteur qui vous montre les serres et les environs du château. Sa conversation variée et entraînante fait couler les heures, mais si vous voulez qu'il demeure calme, ne lui parlez pas homœopathie, il en est l'ennemi juré.

C'est encore au fumoir que vous pourez causer avec M. Moricet, ce vieux Vendéen dans les bras duquel est tombé le noble Cathelineau. Pris dans les affaires de la Vendée, il fut conduit et jugé à Orléans. Défendu par M. Janvier il fut acquitté et ne pouvant plus combattre les armes à la main, pour la cause de la légitmité, il alla près du comte de Chambord lui consacrer sa vie et son travail. Depuis lors, il a la charge si délicate d'administrer la fortune du Prince.

M. Moricet a quatre-vingt-cinq ans et ne paraît pas en avoir soixante-cinq. Il vient de temps en temps, pour se reposer de son travail, fumer la moitié d'un cigare, et retourne ensuite à ses bureaux. Son activité et sa verve lorsqu'il parle des guerres de Vendée, rappellent un autre serviteur de la royauté, comme lui insensible aux glaces de l'âge, et dévoué comme lui. C'est nommer M. Laurentie, dont la plume toujours vigoureuse défend depuis tant d'années, ce qui est respectable et sacré, le principe catholique et le principe de la légitimité.

Sept heures du soir ramènent le dîner ; vous revoyez Madame au salon. Le premier jour la personnalité absorbante de Monseigneur l'a un peu effacée, c'est lui que vous écoutiez, lui seul que vous regardiez. Mais le second jour vous êtes séduit par la bonté de Madame. Elle vous parle de cette France qu'elle n'a pas habitée et qu'elle connaît si bien. De vos amis reçus à Frohsdorf ou rencontrés dans ses voyages, de ses neveux et de ses nièces qui l'adorent.

Elle vous montre ce vaillant roi d'Espagne, faisant comme Henri IV son ancêtre la conquête de son royaume, ville par ville, province par province, et la jeune reine sa femme attendant d'être remise de ses couches, pour aller partager le péril avec son royal époux.

Involontairement vous tournez les yeux vers un magnifique portrait de la mère de cette reine encore sans royaume, dont le nom fait tressaillir tant de cœurs espagnols. Ce portrait mis en évidence sur un chevalet, est celui de Madame la duchesse de Parme sœur du comte de Chambord.

Monseigneur vous a étonné, enthousiasmé, Madame s adresse à votre cœur, et vous sentez en l'écoutant se developper en vous, tout ce qu'il y a de bon dans votre être.

Neuf heures sonnent, retournons au fumoir retrouver d'autres émotions plus vives et plus entraînantes.

Telle est la vie de Frohsdorf, lorsque les voyages ou les grandes parties de chasse n'en dérangent pas les habitudes régulières.

Si vous faites en réalité une visite au descendant de Saint-Louis, nous vous souhaitons de trouver auprès de lui, le comte de Sainte-Suzanne, dont l'exquise politesse et la franche cordialité vous mettent si vite à l'aise en vous faisant les honneurs du château, qu'au bout de quelques heures, il vous semble en être un des vieux habitués.

Vous avez vu tous les détails, vous connaissez tous les habitants de Frohsdorf, cependant un doute vous reste, où est donc ce conseil dont on parle tant.....?

Où sont ces hommes d'un autre âge, qui entourent le comte de Chambord, et avec la meilleure foi du monde, car personne ne la suspecte, faussent ses idées en lui représentant la France telle qu'ils la voudraient, et telle qu'elle n'est pas? Ils l'environnent des préjugés du temps de leur jeunesse, et empêchent la vérité de parvenir à ses oreilles. Tout le monde le dit..... donc cela doit-être. Le prince a bien les qualités les plus rares, nul ne le conteste, mais il est mal conseillé.... c'est ce qui le rend impossible.....

Vous n'avez vu autour de lui que deux personnes, l'une que nous avons nommé le gentilhomme de service, l'autre un jeune homme, le secrétaire. Vous savez d'ailleurs que ces messieurs ne sont là que pour un certain temps. Il y a un roulement régulier entre quelques amis fidèles, chacun vient à son tour passer deux ou trois mois au château, et retourne ensuite en France. On vous les a nommés, l'un habite Paris, et l'autre la Bretagne, celui-ci demeure en Champagne, celui-là à Versailles. L'obligeante gracieuseté qu'on vous témoigne, vous encourage à poser cette grave question : quelle est la composition de ce fameux conseil ? et par quelles circonstances les membres sont-ils tous absents ?

On vous répond en souriant : ces conseillers inconnus, existent seulement dans l'imagination de ceux qui en parlent tant.

Ses nombreux visiteurs et sa prodigieuse correspondance, renseignent Monseigneur autant que c'est nécesssaire, et mieux que des conseillers ne pourraient le faire. Dans chaque département des amis dévoués, l'informent de l'esprit public, du courant de l'opinion et de tous les faits graves....... Voilà son conseil.

Mais il faut quitter cette maison hospitalière ouverte à tout Français. On part dominé par un charme inexprimable, dont il est impossible de se défendre. Est-on arrivé avec des sentiments froids ou mêmes hostiles, on se retire gagné à la cause du dernier Bourbon de France ; est-on venu fidèle et aimant, on part enivré et envahi par un vague besoin de se dévouer.

Que de gens des plus sceptiques ont éprouvé cet effet. Naguère à l'exposition de Vienne, Monseigneur alla visiter le quartier réservé aux représentants du commerce Français. Egarés par les sots préjugés que répand à flots une presse mensongère, ils croyaient voir en lui l'ennemi de la France éclairée, du progrès, et de la classe travailleuse. Ils voulurent lui témoigner leurs sentiments hostiles, en le recevant le plus froidement possible. Après quelques instants de conversation, séduits, enthousiasmés par ce charme irrésistible qui attire à lui tout ce qui s'en approche, ces mêmes hommes après l'avoir reçu à son arrivée le chapeau sur la tête, l'accompagnèrent tête nue et au milieu de leurs vivats, jusqu'aux portes du palais de l'Exposition.

A Vienne on raconte encore aujourd'hui cette petite histoire.

Adieu Frohsdorf, adieu. Malgré ton hospitalité dont nous conserverons toujours le précieux souvenir, nous espérons que ce n'est plus dans tes murs, que nous irons saluer le fils de nos rois.

FIN.

Orléans. — Imp. Morand, rue Bannier, 47.